Laurine Vandepitte

Nog glimlach jij naar mij

**Troostgedichten over het
waken bij een stervende**

novum ◢ pro

Dit boek is ook als
e-book
verkrijgbaar.

www.novumpublishing.nl

© 2022 novum publishing

ISBN 978-3-99131-202-4
Geredigeerd door: M. Moors
Omslagfotos: Klenova | Dreamstime.com, Laurine Vandepitte
Ontwerp omslag, lay-out & typografie: novum publishing

www.novumpublishing.nl

Climate neutral
Print product
ClimatePartner.com/16547-2201-1002

Voorwoord

Dierbare lezers,
Ik verloor mijn oudste zus aan een ongeneeslijke ziekte. Zij leed al vele jaren aan de ziekte van Parkinson. Een paar maanden voor haar dood kreeg zij plots last van allerlei hallucinaties en woedeaanvallen. Onderzoek wees uit dat zij de meest nare vorm van dementie had: Lewy body dementie. Zij werd opgenomen in het AZ te Brugge. Ik ging bij haar waken, want wist dat het afscheid nabij was. Zij kreeg rustgevende medicijnen, later sedatie. Van deze moeilijke, maar mooie periode in mijn leven hield ik een dagboek bij in dichtvorm. Dit geef ik nu uit, als troost naar medemensen die ook in zulke omstandigheden verkeren. Ik hoop dat mijn woorden u kracht mogen geven!

Laurine Vandepitte

DINSDAG 14 MEI

Lewy body dementie

zo heet het monster dat jou in zijn greep houdt.
Hij strooit hallucinaties en wanen op jouw pad
alsof parkinson nog niet erg genoeg was.
Wat een vreselijk nare beproeving!
Waarom toch God?
Machteloos en rusteloos bidden wij u
help ons als 't blieft.

AZ Sint Jan Brugge / 14.00 uur

Ik wil jou alleen even zeggen
dat ik zielsveel van je houd.
Niets valt nu nog uit te leggen
tenzij: ooit deed ook ik fout.
Wit is je laken en koel voelt jouw hand.
God zegene en beware jou,
ik zal over jou waken met hart en verstand.
Een extra dekentje tegen de kou,
ook wat gebeden in stilte gezegd,
rust nu maar zusje, 't is mooi geweest.
Psalm 23 nog een keer uitgelegd,
hoog in de hemel wacht jou straks een feest.

Zachtjes

Zachtjes verzorging, doe haar geen pijn,
laat haar nog even bij me zijn.
Verzorg en vertroetel haar,
stil haar lijden en streel haar haar.
Spreek haar van Jezus' liefde,
vergeef dat zij jou ooit griefde.
Zegen en kus haar in slaap,
blijf nog wat bij haar en waak.
Geef haar straks mee met de Heer
en weet ooit zie je haar weer.

Ziekenhuiskamer 212

Een glaasje koel water,
kaarsrecht het rietje erin.
Gezegd is nu alles.
Jij nam mij vroeger
overal met je mee,
al botste het later vaak
tussen ons twee.
Een telefoontje, jouw vraag
naar mij bewees me
dat liefde onloochenbaar is,
al duurt het soms jaren
eer men dit beseft.

Zus

wat lig je hier stil nou,
zo moe en zo ziek.
Je wilt best naar Jezus
maar hebt nog geen rust
eer je allen gezien hebt,
ten afscheid gekust.
Ik geef jou mijn zegen,
je streed lang genoeg.
Loop triest door de regen,
besef dat jij mij eens droeg.

Wakend bij zus

Geren en gekwebbel overal op de gang,
je wendt stil je hoofd, onrustig en bang.
Jouw ogen vragen: "Zou hij nog komen, mijn man?"
Misschien in je dromen, wat weet hij ervan.
Hoe jij nu zelfs piekert over zijn welzijn
los moeten laten doet wel zoveel pijn.
Ik kan enkel liefdevol troosten,
wend mijn blik nu naar het Oosten.
Vraag God om wijze woorden en raad,
neem jou in mijn armen eer je ons verlaat.

Visite / 14.35 uur

"Wie zou er nog komen vandaag?"
Vind je het gek dat ik dit nu vraag?
Hij heeft zo hard geweend, haar jongste zoon,
nooit eerder zoveel, voor hem ongewoon.
'Je moest het eens weten!' denk ik bedroefd,
'hoezeer jouw afscheid ook mij beproeft.'
Toch glimlach en heel ik, waar ik maar kan,
altijd in stilte, men weet er niet van.
Jij vroeg mij, hier ben ik, trouw aan jouw zij,
nu mag het nog even straks is het voorbij.

AZ Sint Jan Brugge/ 14.55 uur

Kamer 212, hier ligt mijn zus
bezocht door zonnestralen
uit een hemel heel ver weg,
of nee, misschien wel heel dichtbij.
Ook door vrienden in 't geloof,
nu ongelovig dat een leven zo snel voorbij is,
terwijl men er nog zoveel van verwachtte,
door mij, haar zorgenkind, haar zus.
Zo lang wachtten wij vruchteloos op elkaar
maar vandaag ben ik er helemaal voor haar.

Wat kaartjes vertellen

Een levensloop in weinig woorden:
Gelukkige Moederdag. Wat is moeder zijn?
Zorgen, verzorgen van de avond tot de morgen.
God geeft om Zijn schapen en jij
bent er een van, net als ik beschermd
door Hem die iedereen even lief heeft.
Ik wil je alleen even zeggen
dat wij niet langer kat en hond zijn,
maar allebei rasechte troeteldieren
mits men ons de kans geeft om
dat te uiten. Met of zonder toeschouwers
langs de zijkant van ons leven.
Ik houd zielsveel van jou dus,
mijn voedstermoeder, mijn zus.

God / 15.00 uur

Wilt U zich ontfermen over haar
die bijna de kracht niet meer heeft
om bij U aan te kloppen?
Zo broos, zo moe van 't vele vechten,
zo intens trouw aan U, zelfs nu.
Laat haar niet langer lijden, als dat kan en mag,
Uw wil geschiede maar ik bid U
verlicht haar laatste weg.
Ontdoe hem van struikelblokken,
schenk haar extra zonnestralen,
open Uw hemelpoort wanneer zij
uiteindelijk alsnog bij U aanklopt.

Lewy body dementie 2

Vandaag een heldere dag,
een opflakkering van leven
in een moegestreden lichaam.
Een golf van vrede na een bijna
onhoorbaar gezamenlijk gebed.
Alles is uitgesproken en vergeven,
wij gunnen elkaar het allerbeste.
Zweren elkaar in gedachten eeuwige trouw,
beloven elkaar zonder woorden tot ziens,
tot een volgend weerzien in weer een nieuw leven.

Huilen zal ik / 15.10 uur

zodra jij voor altijd de ogen sluit.
Huilen als een kind, een zielsverwant,
om alle dingen die niet te veranderen waren.
Om onze rotjeugd vol zielenpijn,
huilen om ons leven vol angst en verdriet,
huilen zal ik als een wolf die zijn roedel niet vindt.
Huilen met de gure noordoostenwind,
huilen om jou, huilen om mij, huilen om ons.
Huilen om zoveel meer dat niet uit te leggen is,
huilen vooral om allen die ik nu mis.

Zus is erg achteruit gegaan sinds vorige week vrijdag.
Ze heeft ingevallen wangen, krijgt nog geen sedatie.
Leek voortdurend te slapen, maar zij hoorde en
begreep alles!

DONDERDAG 23 MEI

Sluipmoordenaar / 17.15 uur

Op kousenvoeten nadert hij,
de lang verwachte gast, de gevreesde,
de stille ongenode engel des doods.
Maar toch is uitgerekend hij
de meest genadige vertrooster.
Wanneer hij komt weet niemand,
de enige zekerheid is voor ieder gelijk.
Eens komt hij ons zachtjes halen,
dan gaan wij samen op reis.
De lange weg hemelwaarts,
onuitsprekelijk mooi Licht wacht ons
aan het einde van de tunnel.
Eindelijk één als deeltje van de Alliefde!

VRIJDAG 24 MEI

Wakend bij zus / 23.10 uur

Rustig slapend sedatief,
lekker lig jij in de kussens.
Nog even wat te drinken gegeven,
een aai over je wang, dan:
"Je wist dat ik zou komen hè?"
"Ja," lispelt zij heel zachtjes.
"Ben je blij?" "Ja!"
"Ik houd heel veel van jou."
"Ja?" "Natuurlijk! Hoe zou ik niet
van jou kunnen houden?"
Verbazing weerspiegeld in emotie,
daarna rust, zalige rust,
berusting na een onrustig leven.

Ik laat jou niet alleen / 23.20 uur

Niet nu, zeker niet nu,
zeker niet jou, zeker niet alleen
nu je mij het hardste nodig hebt.
Niet alleen nu, niet alleen jij
maar iedereen die mij vraagt om
samen de laatste stap te zetten.
Samen sterk de eerste tree op te gaan,
hand in hand naar de hemelpoort.
Samen tot daar waar ik jou
in Veilige Handen weet,
voor altijd in een veilige haven.

Na een telefoontje besloot ik de bus van 19.20 uur te nemen om bij zus te waken. Dat werd zeer op prijs gesteld. Zij zullen gebeld worden als het voorbij is.

Waarheid of waan? / 01.10 uur

Wat zilvergrijze haartjes in een potje,
veilig opgeborgen onder een deksel,
mogen later uitsluitsel geven van
die ene grote waarheid:
wie was wie in onze familie en
wat was wat van elkaar.
Waarheid of waan?
Zou het iets uitmaken?
Misschien een zee van verschil,
misschien geen ene moer, tenzij
de bewezen zekerheid van feiten.

Heel de nacht wakker / 01.25 uur

Net als tijdens een busreis 's nachts
probeer ik niet een detail te missen.
De volle maan die steeds verder opschuift
aan de donkere hemel,
helemaal voorbij de brede kruin van
een verwaaide boom.
In amper twee uren tijd bijgelicht door
een enkele oranje straatlantaren.
Beneden langs de kant van de weg
niet een bus te zien nu.
Geen uil te horen, niet een nachtvlinder gespot,
alleen jij, die dromend haar weg zoekt naar
het Morgenlicht aan de overzijde van het leven.

Troost

Koffie voor de wakende, een hele kan vol
troost, gebracht door een zwarte broeder
in witte ziekenhuiskledij.
Zoveel naastenliefde en dienstvaardigheid,
wat belangstelling voor rustende en helper.
Sterven is een andere manier van leven,
nog hier en toch al een beetje daar zijn,
waar je onbewust elke nacht al was
al geloofde jij dat toen misschien nog niet.
Jij snurkt – nu mag het – niemand kan jou
dit nu nog kwalijk nemen,
als jij maar bij ons blijft nog even.

Nacht in Sint Jan/Brugge / 01.35 uur

Ik zoek gezichten in de hemel,
Jezus tussen de wolken, figuren van hen
die reeds lang overgegaan zijn
naar die andere wereld, maar niks.
Zelfs geen mannetje op de maan te zien!
Op dit uur alleen een roodgeel knipperlicht
dat weerspiegelt in het vensterraam,
dat jouw leven nu in een alarmfase verkeert
en alertheid vereist is in deze slapeloze nacht.
Wakend bij jouw ziekbed voltooi ik
schrijvend ons gezamenlijke afscheid.

Gemoedsrust / 01.45 uur

Nooit eerder ervoer ik zoveel rust als hier,
in deze ene nacht zittend naast jouw ziekbed.
Tevreden om ons laatste liefdevolle samenzijn,
ongestoord door anderen of wie dan ook.
Beseffend dat alles tussen ons nu goed is
en al de rest onbelangrijk, dankbaar om jouw
rustige ademhaling en de wetenschap
dat God van ons houdt.
Blij met de wijsheid van de artsen,
die jou verder lijden besparen.
Gelukkig met de onvoorwaardelijke liefde die ons
door verplegenden betoond wordt. Moe,
maar voldaan, in het besef dat ik nu het laatste
stukje van jouw levensweg mee mag lopen,
aan jouw hand, net als destijds toen jij mij
leerde lopen aan jouw hand.

Straks geef ik jou mee / 02.00 uur

aan een liefdevolle engel,
die heel veel van jou houdt.
Nog veel meer dan ik op aarde
van jou houden kon als medemens.
Loslaten zal ik jou dan
en weten dat jij straks
veilig onder Gods vleugels
zal wonen, bevrijd van alle last.
Geheeld op alle gebied,
badend in Licht en Liefde.
Zal jij dan als nieuwste beschermengel
in de hemel ook over mij waken?

Waar is iedereen nu? / 02.15 uur

Zovele mensen waren altijd om je heen,
vroeger toen jij vrijwilligster was,
ondanks jouw drukke gezinsleven.
Waarvoor zijn zij nu bang, nu jij
je slapend voorbereidt op de eeuwige rust.
Niks te vrezen, niet nu, niet later of wel
een spiegelbeeld misschien.
Wat onuitgesproken woorden
die net te moeilijk waren om samen
uit te spreken. Het was echter zo makkelijk,
zo voor de hand liggend.
"Ik hou van jou" was ruim voldoende.

Lotus en sandelhout / 02.55 uur

wijzen jou de weg naar rust en vrede.
Geven mij de rust dat ik alles
voor jou gedaan heb wat ik kon.
Gaven mij de kracht om hier bij jou te waken,
in mijn eentje heel de nacht door,
zolang als het nodig was. God zij dank!
De zuiverheid van de lotus wees jou de weg,
gebeden zuiverden jouw ziel,
sandelhout verjoeg de angst
voor het onbekende.
Geheeld door gebed en wierook
stap jij straks de hemel in.

Genadig licht / 03.00 uur

Er branden lichtjes in jouw kamer,
jij hoeft niet in het donker te liggen wachten
op het einde. Daar zorg ik voor als laatste
blijk van mijn onvoorwaardelijke liefde voor jou,
mijn zus, mijn mogelijk biologische moeder.
Uit dank voor God die jou straks verwelkomt,
voor de beschermengel die jou straks komt halen,
voor de verzorgenden die met jouw lot begaan zijn.
Zelfs nu, tijdens jouw mogelijk laatste nacht op aarde.
Er zullen nog vaak waxinelichtjes voor jou branden
thuis in mijn zoutlamp, in dierbare herinnering
aan mooie momenten en gedeelde levenslessen
op aarde.

Ik had zo graag met jou / 03.25 uur

nog ergens een wafel willen gaan eten,
maar het heeft niet mogen zijn.
Door te veel eigen zorgen vergat ik
een ooit gedane welgemeende belofte.
God zal mij dat heus wel vergeven en
al onze gezamenlijke vergissingen ook,
daarvan was jij altijd heilig overtuigd.
Ik hoop dat jij daarin gelijk mag krijgen
en doe mijn best om beter te worden
zodat later, als mijn tijd daar is, ook ik
blij kan zeggen: "Hier ben ik Heer, uw dienares."
'Amazing Grace' zing ik voortaan met heel
het engelenkoor speciaal voor jou.

Terugblik / 03.55 uur

Ons leven was niet makkelijk,
wij sloegen ons er doorheen
soms met letterlijk slaande deuren.
Soms huilend heel alleen.
Eens leerde jij mij lopen,
nu waak ik vannacht bij jou.
Kracht naar kruis, laat ons hopen,
jij mag naar het Vaderhuis.
Ik, God trouw, blijf hier nog even verder leven.
Bij een stervende waken is rust verzaken
om een ander rust te gunnen.

Wakker blijven / 04.10 uur

kost mij vannacht geen enkele moeite.
Thuis zou ik ook geen rust gekend hebben,
wetend dat jij net als Jezus destijds
in de tuin van Gethsemané
van iedereen verlaten was toen jij hen
net het hardste van al nodig had.
Denk niet dat ik iemand iets verwijt
nu ik deze woorden schrijf.
Niet iedereen is even sterk en
ook ik weet niet wat deze nacht
mij allemaal brengen zal tenzij verdriet.
Maar alles beter dan later denken:
"Had ik maar!"

Rust

Geen telefoontjes,
gelukkig ook geen sms,
alleen zoete rust en
een laatste samenzijn.
Jij in een ziekenhuisbed,
ik in een kuipstoel.
Twee mensen in een kamer,
een heleboel engelen
aan onze zijde.
Geen reden tot klagen,
alleen dankbaarheid
en ultieme vrede
hier, nu en straks.

Later zal ik misschien / 04.20 uur

fier kunnen zijn op mezelf wanneer
ik mijn dapperheidsdiploma
behaald zal hebben, want
wat viel er nu feitelijk te vrezen?
Het weerzien met een langverwachte vriend,
de ontmoeting met een troostende engel.
Jou te zien slapen als een baby,
de vele inzichten die ik kreeg,
niets van dat alles.
Alleen de wetenschap iets definitief
los te moeten laten voor onbepaalde tijd
en latere bestemming.

Kwart voor vijf zaterdagochtend

Een vroege merel verwelkomt de nieuwe dag,
vertrouwt op goddelijke zegen ook nu.
Wie ben ik, dat ik hem niet zou geloven
als hij zingt over de lente en dat morgen
alles beter wordt.
Gelijk heeft hij, zoals altijd,
en geduld heb ik om in zijn blijde boodschap
te blijven geloven. Zeker nu,
nu nieuwe levenslessen zich weldra aandienen
terwijl ik wakend wetend word.

Vandaag begrijp ik, Heer, / 05.07 uur

waarom ik even partnervrij moest zijn.
Om hier waardevolle levenslessen te leren,
om onnodige angsten te overwinnen.
Om Uw wil te doen en wijzer te worden,
om een lichtwerker in functie te zijn.
Om op de post te zijn waar de nood het hoogst is,
op het moment dat U mijn hulp op aarde inroept.
Om Uw wil te dienen, zo zij het!
Help mij alstublieft, Heer, om waakzaam te blijven.

Weer wordt het licht / 05.20 uur

en is de maan bijna verjaagd
naar de andere kant van de wereld.
Brengt de zaterdag ons straks wat zon
of wordt het soms weer een water-dag?
Op droge voeten nadert de nieuwe dag
de morgenstond, geen wolk aan de hemel.
Alleen twee bomen in de tuin,
stevig verankerd in de aarde.
Groen, rustig, als altijd vertrouwend
op zonnekracht en bladerweelde.
Zuurstof in overvloed voor al wat leeft.

Verzorgd en netjes / 06.05 uur

zoals je altijd was, zo lig je er nu bij
in schone lakens, fris gewassen.
Haren gekamd, verzorgd als een kuikentje
dat net ontsnapt is aan zijn donkere schelp.

Alleen lig jij nu in een koekoeksnest
te wachten tot je straks naar je Schepper
terug mag keren.

Zon stapt blozend / 06.45 uur

de nieuwe dag tegemoet.
Eindelijk, lang verborgen,
niet meer verwacht,
alsnog verkregen.
Zon sprankelt zich
onbewust van mensenleed
een weg door het leven,
zolang het duren wil.
Ongehinderd door tijd
en ruimte, zelfs niet gejaagd,
waren wij maar zo.

De eerste auto / 07.00 uur

doorklieft de snelweg.
Ginds achter dijk en bomenrij
weg van thuis en elders.
Onderweg naar wie weet waar
en voor hoelang deze keer.
Een tractor durft de gewaagde
confrontatie aan, roekeloos
vanwege het vroege tijdstip
en het sporadische verkeer.
Fata morgana of hersenschim?
Had je willen denken zeker!
Niks illusie vandaag, alleen
keiharde realiteit zoals elke dag.

Ochtenddienst / 08.00 uur

Geratel van karren op de gang,
medicijnen- en ontbijtservice.
Reservegeluk voor mij:
twee sneetjes bruin brood,
koffie, wat zoetigheid en kwark,
maar bovenal hartelijkheid.
Begrip in weinig woorden,
medelevende blikken
en oprechte belangstelling.
Waardering als mens,
alle reden om dankbaar te zijn
als familielid aan de zijkant van
een bijna voorbij leven.

Mijn God, wat ben ik moe! / 08.50 uur

Uitgeput na een slapeloze nacht
maar zeker niet nutteloos.
Integendeel, moediger dan ooit
gesteund door U en medemensen.
Zal ik nog blijven of verdergaan?
Jouw ingevallen gezicht weerhoudt me,
nog wil ik jou niet aan je lot overlaten
maar trouw aan onze familieband zijn.
Geef mij kracht, Heer, om zeker nu
standvastig te blijven, zeker nu het einde nadert
van haar die mij van alles leerde,
die ik alleen liefde bieden kan.

Verlaten / 09.00 uur

Zou er nu echt niemand meer komen?
Zelfs vanochtend niet, een zoon om nog even
jouw hand vast te houden, nu het nog kan.
Zou jij je nu net zo verlaten voelen als ik,
die koppig bij jou blijft, als om het geduld
van de dood te tarten.
Zouden alle wakende mensen zich
eenzaam voelen en tevens getroost
door engelen in aardse vermomming,
met stethoscopen om de hals en
dekens voor mij in hun hand tegen de kou.
Zou Jezus zich net zo triest gevoeld hebben
als ik mezelf vandaag?

Is het omdat / 09.10 uur

ik naast jouw bed zit dat jij
nog steeds het leven niet durft los te laten?
Misschien was ik te vroeg op de afspraak
of speelt er veel meer dan dat?
Misschien wacht jij tussen waan en
werkelijkheid op antwoord voor alle
te laat gestelde vragen en hoop jij
in je dromen nog een keer jouw
grote liefde te zien, gekust te worden
zoals vroeger toen je jong en onwetend was.
Wie zal het zeggen waarom het
nu eenmaal is zoals het is?

Heel even / 09.20 uur

wend ik mijn blikken van jou af,
zie ik hoe wolken de zon versluieren.
Merk ik de vele bloemen op waarmee men
jou zijn of haar liefde wou betuigen,
om jou daarmee te vertellen wat
hun mond niet over de lippen kreeg,
vraag ik mij af waarom zij nu niet hier zijn.
Vetplantjes vertellen mij over een sober leven
met weinig vreugde, des te meer schone schijn.
Nog wil ik de waarheid horen uit jouw mond,
besef ik dat dit ijdele hoop is
al denkt mijn intuïtie het verleden
van maskers te kunnen bevrijden.

Bidden zal ik / 09.30 uur

voor jou, voor mij, voor wat ooit ons was.
Vandaag, morgen, wie weet hoe vaak nog meer
bidden om antwoord op mijn vragen.
Om zielenrust voor jou en wie jou misdeden,
bidden uit dank voor toekomst in 't heden,
bidden om soelaas voor fouten uit 't verleden.
Wie weet nog meer waarvoor?
Zal jij meebidden met mij?
Zit jij ook nog vol vragen of heeft men jou
ondertussen al antwoord gegeven
op wat jij echt mocht weten?

Restaurant Sint Jan Brugge

Uitkijkpost op groene parken.
Een bord in het gras:
verboden de dieren te voederen,
maar ik zie niet eens een kip.
Zovele jaren later weer hier,
toen: onzeker over mijn eigen gezondheid,
nu: zeker wetend dat mijn zus
stervende is, wie weet hoelang nog.
Kapot moe van het waken maar
tevreden dat ik het toch gedaan heb,
met hulp van God die mij de kracht gaf
die ik voor deze beproeving net nodig had.
Geloofd zij Jezus Christus in eeuwigheid amen!

Liefde / 12.25 uur

Warmte, spontaan gedeeld met derden
een golf van vredelievende emoties.
Bij het weerzien een hartelijke omhelzing
en aan een ziekbed zacht gefluisterd: liefde!
Geen mooier woord dan dat,
pure heling voor de ziel in amper zes letters,
maar wat een schat aan gevoel dat
elke lichaamstaal doordringt.
Liefde, de ware kern van al het geschapene.
Daarnet gekregen van mijn petekind:
een liefdevolle omarming en dankbaarheid
omdat ik waak bij zijn moeder.
Dank u Heer Jezus Christus!

Keuzes maken / 21.00 uur

Niks moeilijker dan dat voor mij!
Blijf ik nog een nacht waken of ga ik
er net als alle anderen vandoor.
Wat zegt mijn gevoel daarover?
Misschien gebeurt er vannacht niks
definitiefs, maar dan hoef ik mij
tenminste nooit iets te verwijten.
Plots zwaait de deur open,
vier evangelische gemeenteleden
bezoeken mijn zus. Zij zingen
opstandingsliederen voor haar.
Een vreemde gewaarwording voor mij
maar het maakt haar in ieder geval rustiger.
Gods antwoord op mijn vragen kwam
op onverwachte wijze op ons levenspad.

Avonddienst / 22.00 uur

Nachtwake twee is net begonnen.
Een hele kan net gekregen koffie
belooft mij wakker te zullen blijven
en bovenal alert op elke verandering.
Gejaagde adem, knipperende oogleden,
mogelijk onnodige pijn of angsten.
Spookbeelden van wat en als
die wellicht niet eens op komen dagen
of mogelijk juist wel, maar zo snel dat
er geen tijd beschikbaar is om zich
daarover druk te kunnen maken.

Lief zusje, waarom toch? / 23.10 uur

Waarom moet jij zo jong sterven
aan een nieuwe ongeneselijke ziekte?
Wou God soms een voorbeeld stellen,
ben jij zijn uitverkorene en zijn wij
de leerlingen die deze les in onbaatzuchtigheid
broodnodig moeten leren?
Geen antwoord op zovele wanhopige vragen,
waarom al die gruwelijke hallucinaties?
Lewy body klinkt zo aantrekkelijk
als een nieuw schoonheidsproduct
maar is een des te duivelser gif.
Waarschijnlijk de hel op aarde, verwant aan
Creutzfeldt-Jacob met lsd-symptomen.
Misschien bevat een mix van die twee ziektes wel de
juiste antistoffen voor jouw herstel?

ZONDAG 26 MEI

Licht na de duisternis / 05.40 uur

Even leek het erop dat jij klaar was
om de grote stap te wagen.
Je adem stokte af en toe, maar blijkbaar
bedacht jij je weer, net als aan het begin
van de nacht en vond je de weg veel te lang
om in je eentje onvoorbereid nu al aan te vatten.
Liever wou je nog even zondag vieren
op planeet aarde, dicht bij ons.
Straks: 'Hour of Power' op tv,
de zegen van een jonge dominee.
Voor minder begin je er niet aan,
altijd al gedacht dat jij een volhouder was!

H. Drievuldigheidszondag / 06.00 uur

Ziekenhuishumor! Opdruk achterkant
van een scheurkalenderblaadje:

Rouw
Jef is 's zondags altijd in het café te vinden.
Hij wil juist een witteke bestellen als de kelner
naar hem toekomt en zegt:
"Jef, het ziekenhuis heeft gebeld.
Je vrouw is gestorven!"
"Als dat zo is, breng mij dan maar een donkere!"

Als dit maar niet voorspellend is.
Zus krijgt al drie dagen sedatie,
geen eten en geen drinken meer.

Sedatie

Weer weinig geslapen vannacht,
maar meer dan gisteren
en veel bijgeleerd over sterven.
Feitelijk een indrukwekkende belevenis,
eenmaal in elk mensenleven.
Sommigen gaan rustig weg tijdens hun slaap.
Het ademen wordt dan steeds langzamer
en met langere tussenpozen erin,
meestal na de laatste pauze gevolgd door
nog een diepe zucht: weg!
Anderen die minder geluk hebben
liggen soms uren naar lucht te happen
net als vissen op het droge.
Dan liever sedatie!

Internationale Dag van het Park / 06.15 uur

Het park oogt groen,
de lucht eerder grauw vanochtend.
Vannacht waaide het flink,
als wou de natuur jouw ziekte verjagen,
het mocht niet baten.
Zelfs jouw bos gele lelies laat zijn oren hangen
en ook het vijfvingerblad geeft er de brui aan.
Allen zijn het vergeefse wachten op zomer
en gezondheid kotsbeu.
Hoelang blijf ik nog waken?
Straks komt er weer visite,
genoeg om even jouw zorgen bij te vergeten.

Ik ben wel zo moe / 06.30 uur

Mijn hart slaapt nog en protesteert
tegen het ochtendgloren in het park.
Mijn ogen zien er niet uit,
gezwollen door te weinig nachtrust.
Mijn haar hangt in pieken,
het springt de verkeerde kant uit.
Mijn broek klemt op mijn gezwollen kuiten
wegens te hoge bloeddruk.
Kortom: mijn lichaam is van slag,
maar mijn geweten is mooi nu het
onvoorwaardelijk gekozen heeft om
een zieke te helpen haar lot te aanvaarden.

Zondagmorgen / 07.00 uur

Straks dagelijkse routine in de gang,
een andere verpleegster,
pillen en ontbijt ronddelen.
Vloeren stoffen met een droge zwabber,
lachen om de laatste scheurkalendermoppen,
mopperen over het te koude weerbericht
en de weerman. Een mens moet toch iets!
Wie patiënt is moet netjes zijn beurt afwachten
om geholpen te worden.
Wie tot het personeel behoort dient zowel baas,
bedrijf, als patiënt. Het is niet anders!
Ieder speelt zijn eigen rol in het leven,
zelfs op zondag, ook als het eind mei is.

Hoort, zegt het voort / 07.10 uur

Wie at er middenin de nacht
een rijsttaartje? Ik!
Wie had vroeg op de morgen
wat last van haar maag? Ook ik.
Wie is er nu betere voornemens
aan het bedenken, al is het pas eind mei?
Natuurlijk weer ik.
Wanneer doe jij eens iets geks?
Kunnen wij er later samen om lachen.
Altijd beter dan beseffen dat je niet voor
de volle honderd procent geleefd hebt!

In een volgend leven / 07.20 uur

word ik vast een mot.
Dan haal ik alle nu verloren uren
nachtrust naar hartenlust in,
dan slaap ik stiekem in de kleerkast.
Niemand maakt mij wat, slapen zal ik
dagenlang, desnoods weken achtereen.
Tot ik weer op eigen vleugels vliegen kan
naar warmere oorden.
Ongehinderd door wie of wat dan ook
want ook motten hebben rechten:
elke dag een verse hap wol!
Erg vindt u? Nee, dan de zilvervisjes.
Die zetten hun tanden in alle
muffe ongelezen boeken.

Middagmaal / 13.50 uur

Cadeautje van het huis.
Omdat jij niet meer eten mag
krijg ik jouw zondagse driegangenmenu:
tomatensoep, varkensgebraad, rösti met peer.
Meteen schoot er mij een brok in de keel,
niet door gulzigheid maar uit pure emotie.
Waarom komen jouw oudste en jongste zoon
niet op visite? Jij was toch goed voor hen?
Een shock trof de jongste en angst de oudste,
oordelen kan ik niet, begrijpen wel.
Uit een kuipje chocolademousse lepel ik
restjes verdriet weg, zo goed of kwaad als ik kan.
Dank je wel, zus, voor dit onverwachte zorgzame
geschenk, net hetzelfde als dat wat jij vroeger
op zondag ook weleens voor mij gekookt hebt.

Langzaam huiswaarts varen / 14.00 uur

dat is wat jij nu stilletjes doet.
Op een zonnige zondag eind mei.
Ga maar zusje, Jezus verwacht jou!
Hij popelt om jou liefdevol te omarmen,
wanneer jij de lange tunnel helemaal
doorgewandeld bent tot aan het Licht.
Een en al rust en vrede wachten jou daar,
wees dus niet bang. Ik houd jouw hand vast,
kus jouw voorhoofd, zegen jou in Gods naam
en streel zacht jouw dunne grijze haren.
Af en toe houd jij even je adem in alsof je even uit wil
rusten na vele moeizame inspanningen onderweg.
Dit betekent dat jij nu je sterven aanvaard hebt
en het eindelijk een plaatsje kan geven.
Wees nergens bang voor, nog even doorzetten!

Waarom schrijf ik dit alles / 14.15 uur

Omdat ik slecht ben in onthouden,
omdat ik eerlijk verslag wil uitbrengen
van de laatste fase van een moeilijk mensenleven.
Veel ups en downs bevolkten onnoemelijk vaak
de pagina's van jouw levensboek.
Briljante leerlinge, maar van arme komaf
zocht je noodgedwongen op je veertiende
een baan in de horeca
bij wafelbakkerij 'Kinders van Siska'.
Ging poetsen bij de buren, hoorde op je vijftiende
dat kinderen niet uit de rode kolen kwamen en
ook niet door een maffe ooievaar thuisbezorgd.
Religie en gezin werden twee hoofdrolspelers
in jouw levensverhaal en tussendoor passeerden
een heleboel passanten de revue, net als ik.

MAANDAG 27 MEI

Twee halve zusjes en een heldin / 21.30 uur

Dat zou de titel kunnen zijn van een bestseller
ware het niet dat ook titels een wrange bijsmaak
kunnen hebben. Net als appels die net te vroeg
geplukt werden, eer de zon er voldoende
vitamines ingestopt had, zeg maar.
De humor van het leven wilde dat er
van ons drietal nooit een de oorlog won
tegen onze moeder. Of wel:
twee halve zusjes spanden samen en
vochten eensgezind tegen hun ziekte,
zelfs deze strijd wonnen zij niet.
Zusje drie vocht altijd in haar eentje
tegen al haar belagers,
misschien maakte juist dat ene feit
haar tot heldin.

Even weer baby zijn / 22.35 uur

Vroeger, zusje, ontfermde jij je over mij.
Nu is de dag gekomen dat ik jou vertroetel,
als was jij nu mijn baby, al ben je nog zo ziek.
Ik blijf heel dicht bij jou vannacht, zelfs nu
je langzaam aan de houdgreep van het leven
begint te ontsnappen.
Zeker nu laat ik jou niet aan je lot over.
Zachtjes, heel zachtjes omvat ik
jouw frêle roerloze hand in mijn
twee warme handen en vouw ze
samen als een schelpje opdat jij
je net zo beschermd zou voelen
als een nog ongeboren vogeltje.

DINSDAG 28 MEI

Uw wil geschiede Heer / 01.00 uur

U gaf ons voor een bepaalde tijd
in bruikleen aan elkaar als lesmateriaal
in diverse klassen van levensschool planeet aarde.
Nu een van ons twee te verzwakt is
om nog lang hier te blijven, vragen
al haar klasgenoten: "Verlos haar, Heer!"
Laat haar niet langer lijden,
bereid een plekje voor haar in de hemel.
Laat haar beschermengel haar begeleiden
op haar laatste weg, wie weet hoelang nog.
U alleen kent het antwoord en haar wil is
nog steeds sterk, sterk als altijd,
nog sterker dan haar hart.

Slaap zacht zusje / 01.05 uur

De weg naar de hemel is zo mooi!
Overal langs de hemelweg bloeien de prachtigste
mij onbekende bloemen. In het gras
huppelen vele konijntjes en vliegen allerlei
vlindertjes vrolijk van boom naar boom.
Af en toe spelen zij verstoppertje
met de libellen en de hommels.
Die brommen tussen het lover dat zij
vandaag alle glimwormpjes de opdracht
gegeven hebben om het pad voor jou
extra te verlichten, zodat jij straks niet verdwaalt.
Ik loop hand in hand met jou een stukje
langs dit pad mee, het laatste stukje
moet jij alleen verder.

Maanlicht / 01.45 uur

Hé, je bent er toch, mooie ronde volle maan!
Vanop veilige afstand houd jij ons
in de gaten, discreet als altijd.
Zorgzaam als een moeder die haar kinderen
wil behoeden voor allerlei gevaren,
gul als een oma die haar
kleinkinderen wat extra's toestopt
als hun ouders even niet kijken.
Wat schijn je helder vannacht!
Af en toe ontdek ik bezorgde blikken op
jouw gelaat. Ben jij dan al zo oud?
Kan jij soms in de toekomst kijken?
Zo ja, verklap je mij dan een van
jouw geheimen?

Maantje-lief / 03.12 uur

Leer jij voor kerstbal of soms voor kerstboompiek?
Tot mijn verbazing prijk jij nu helemaal boven
in de top van een boom, waarop ik vanachter
een ziekenhuisraam op tweehoog zit uit te kijken,
meewiegend met jou zelfs.

Jij in slaap gesust door de wind en ik bijna
omvallend van de slaap, ware het niet dat
de kuipstoel waarop ik zit mij daarvan weerhoudt.

Een tak ziet het gebeuren en krijgt meteen
de slappe lach, terwijl jij stilletjes
voortschuift aan de hemel.

Wakker blijven / 03.45 uur

Nooit eerder in mijn leven dronk ik
een volle kan koffie 's nachts helemaal leeg.
In mijn eentje, tenzij hier en nu in AZ Brugge
waar jij je leven nog zo lang mogelijk
door blijft leven, hoewel jouw eigen levenslied
steeds zwakker gaat klinken en zelfs de echo
waarover jij zingt niet meer weerkaatst.
Zodat ik steeds beter mijn best moet doen
om jou te verstaan in onze eigen taal
en ik de juiste woorden zoek
voor jouw uiteindelijke slotverhaal.

Troostend naast jou zitten / 04.00 uur

deed ik bij jou, mijn zus. Lachend, huilend,
berustend in wat onveranderbaar is.
Je kinderen anekdotes vertellend
uit ons leven, de kleine geheimen
waarin een mens groot kan zijn.
Je man moed insprekend en met hem
mee-etend bij jou op kamer 212 zodat
jij ons zelfs dan niet hoefde te missen
en wij jou zo verzekerden dat er altijd
wel iemand zich ook over hem ontfermen
zou, op dagen waarop hij anderen
het hardste nodig krijgen zou.

Halfvijf

De eerste merel vertelt het weerbericht
aan al wie het horen wil: eindelijk zomer!
Foutje, sorry, toch regen vandaag en veel
te koud voor deze tijd van het jaar,
ook kans op buien na de middag.
Kanariepiet zei er ook nog bij dat hij daarvan
niet blij zou worden, zelfs niet als heel de wereld
op dat moment eensgezind 'Oet morn' zou kwelen.
Alsof dat voor merels ene moer uit zou maken,
ene regenworm, bedoel ik,
maar dat begrijpt u zeker wel.
Vertel het gerust verder, maar doet u het wel snel,
eer u het weet is er weer een dag voorbij.

Vliegen / 05.10 uur

Vliegen deed jij vroeger in je dromen.
Zus, wat genoot jij daar altijd van!
Zou jij nu soms ook aan het vliegen zijn?
Af en toe zie jij er wel zo tevreden uit
dat ik mij afvraag wat jij te zien krijgt.
Later vloog je echt mee in een vliegtuig
tot heel hoog boven de horizon en nog
veel hoger had jij gewild.
Maar van varen werd jij zeeziek,
het liefst vloog jij dromend op eigen vleugels
met gespreide armen door de lucht.
Geen enkele last van hoogtevrees, terwijl ik
al trilde als een espenblad als ik nog maar op
een stoel stond. Jij hebt je beroep gemist, zus.

Koud / 05.40 uur

O, wat heb ik het koud, zo koud,
alsof ik jou al mijn warmte heb willen meegeven
naar het zonnige Zomerland als geschenk
voor alle doden en zij die nu stervende zijn.
Of straks, net als jij, nu bijna op dit moment
de hemelpoort door mogen gaan.
Vol vreugde om het grote weerzien
met Jezus en zijn Hemelse Vader.
Dat te beseffen maakt mijn rillingen
de moeite van een Siberisch moment
het beleven meer dan waard.

Noorderwind / 05.50 uur

neem straks de ziel van mijn zus mee.
Blaas haar voort als een veertje
naar een lekker warm land,
naar de Hemel der Vrede.
Laat haar zweven over de bergen,
vliegen tot bij de zuiderse zon.
Laat haar dansen op de wolken
en genieten van de mooiste tuinen.
Toon haar nog eenmaal de allermooiste
plekjes op aarde, waar zij zo vaak
vruchteloos naar verlangde.
Breng haar daarna thuis in een veilige haven
in een land waar alles liefde ademt.

Nachtlamp

Zes uur in de morgen,
zachtjes knip ik het licht in de kamer uit,
net zo nauwelijks hoorbaar als jouw adem nu.
Net zo stil als de nacht wanneer die noodgedwongen
baan ruimt voor de nieuwe morgen.
Jij bent nu net een kaarsje, zus, met een steeds
kleiner wordende kaarsenpit, maar met meer wil
om eeuwig door te blijven branden dan een echte kaars.
Jou omsmelten tot een nieuwe kaars
kan ik echter niet, want zelfs een reservewiek
en vuur heb ik niet meer om jou daarmee
weer tot leven te wekken.

Radio-Zendmast AZ Brugge / 06.15 uur

Verzoeknummers zou ik vast willen aanvragen
voor jou, wanneer jij straks fier de Hemel zal
binnentreden, maar ik ken niet eens jouw
favoriete lied.
Laat ik de vogels dan maar vragen om voor jou
hun mooiste lied te kwelen en zelf zingen
van Jezus, met het koor, zondag, als jij veilig
aangekomen bent en ik mijn tranen eindelijk
weer onder controle heb.
De dag dat jij mij als vlinder zal
komen begroeten en even uitrusten
zal op mijn hand eer je weer
vrolijk verder vliegen zal.

Weerloos machteloos / 06.50 uur

Weerloos broos als een gekwetst vogeltje
lig jij nu in een voor jou steeds groter wordend bed.
Machteloos zit ik op een stoel naast jouw laatste
logeerbed, kijkend hoe het laatste restje leven
jou langzaam ontsnapt. Nog enkele seconden
is ons leven met elkaar verbonden door een
ragfijne zijden koord. Ite missa est,
jouw strijd is definitief gestreden.
Ga in vrede, zus, ik hou van jou,
een hemelsblauwe luchtballon
neemt jouw ziel mee naar God!

Hemelsblauw / woensdag 29 mei

Jong, mooi en blij, zo oogde jij vandaag
gekleed in een hemelsblauwe jurk.
Opgebaard, dat wel, maar zo rustgevend!
Liefdevol bedekt met beige zijde,
omgeven door zachte muziek.
Nog glimlach jij naar mij,
om ons gedeelde geheim,
veilig in een kamer
van het uitvaartcentrum.

*Ik heb mijn neefje opgebeld zoals hij mij gevraagd had en hem het
droevige maar positieve nieuws medegedeeld.
Hij zou de andere familieleden verwittigen.*

Nawoord

"Boven de wolken is de hemel altijd blauw" (Will Tura).
Zo snel werd nooit eerder een verzoek van mij ingewilligd.
Ik hoopte dat zus, net als mijn andere halfzus, mij na haar
dood een teken van leven zou geven.
Bijvoorbeeld door net als zij destijds als vlinder even bij
mij langs te komen. Amper tien minuten nadat zus
overleden was en twee verpleegsters haar dood officieel
geconstateerd hadden, zag ik plots een grote
hemelsblauwe luchtballon van Bruges Ballooning haar
kamer voorbijvliegen. De zusters zagen het ook en zeiden
dat zij die hier anders nog nooit gezien hadden. Het was
dus geen toeval. Vlak na dit voorval kwam dokter mw.
Van Cauwenberge zus officieel dood verklaren.

Inhoud

De auteur

Laurine Vandepitte werd geboren op 19 oktober 1952 te Knokke/België. Zij was vroeger verslaggeefster bij diverse kranten en weekbladen in België en Nederland. Zij schrijft vooral gedichten en korte verhalen of sprookjes. Deze illustreert zij zelf. Zij was actief als recensente van boeken en bundels bij het literaire tijdschrift Concept. In 2003 ontving zij hiervoor de Roger Wastijnprijs.

Met haar nieuwste bundel Nog glimlach jij naar mij wil zij alle mantelzorgers, artsen, verplegenden en familieleden een hart onder de riem steken.

De ziekte Lewy body dementie is nog steeds niet te genezen en onderscheidt zich van de ziektes van Parkinson en van Alzheimer door de vele hallucinaties waaraan de patiënt lijdt. De troost biedende dichtbundel Nog glimlach jij naar mij is geschreven uit eigen ervaring, tijdens het waken bij haar stervende zus.